DERNIÈRES
OBSERVATIONS

SUR

LES EMPRUNTS,

SUR

L'AMORTISSEMENT, ET SUR LES COMPAGNIES
FINANCIÈRES,

PAR ARMAND SÉGUIN.

A PARIS,

DE L'IMPRIMERIE DE FIRMIN DIDOT,

IMPRIMEUR DU ROI ET DE L'INSTITUT, RUE JACOB, N° 24.

1817.

INTRODUCTION.

Sɪ je ne consultais que mon amour-propre et mon expérience, aucune considération ne me ferait revenir une troisième fois sur le même sujet. Je ne me dissimule pas que cette persévérance peut m'attirer le reproche de me mettre sans cesse en évidence. J'en connais cependant trop les risques pour m'y exposer sans de puissants motifs.

Pressé par les circonstances; écrivant à la hâte; ayant à peine le temps de classer et de revoir mon travail; craignant d'en trop dire, et de n'en pas dire assez; forcé de scinder l'ensemble de mes idées, pour ne présenter que celles qui ont un rapport direct avec les objets de discussion; et me trouvant, par trop de précipitation, au dessous de la capacité dont j'ai le senti-

ment ; comment pourrais-je être flatté
dans mon amour-propre, auquel ma
raison imposerait certainement silence,
si la nécessité de parler ne dérivait de
la conviction où je suis que, dans la
position où se trouve la France, les
finances sont, relativement à ses desti-
nées, l'une des parties de l'administra-
tion les plus importantes et les plus
délicates?

Dans tous les pays, les fautes financières, en apparence les plus légères,
ont eu, dans l'avenir, les conséquences
et l'influence les plus funestes.

Nous possédons les éléments qui
nous sont nécessaires pour surnager, et
pour reprendre notre ancienne splen-
deur; ne nous exposons pas au reproche, dès-lors mérité, de nous être at-
tiré de nouveaux malheurs, qu'il nous
eût été possible d'éviter.

DERNIÈRES
OBSERVATIONS

SUR

LES EMPRUNTS,

SUR

L'AMORTISSEMENT, ET SUR LES COMPAGNIES
FINANCIÈRES.

Près de manquer à ses engagements, un homme loyal, qui n'aurait d'autre alternative que sa ruine ou son opprobre, prendrait certainement pour devise : Tout est perdu, fors l'honneur.

Si la France se trouvait dans une situation aussi désespérée, son choix ne serait pas douteux.

Heureusement, la difficulté de sa position ne dépend pas d'une nullité de moyens ; il ne s'agit que d'en bien combiner l'emploi.

Avec de la prudence, de l'ordre, de la prévoyance, et de sages combinaisons, ses inquiétudes momentanées et les liens de ses engagements peuvent ne pas être d'une longue durée.

Pour couvrir le déficit qui existe entre les recettes et les dépenses, le Gouvernement demande trente millions d'inscriptions sur le grand-livre, et cent cinquante mille hectares de bois.

La commission propose d'accorder au ministre les trente millions d'inscriptions, et à la caisse d'amortissement la totalité des forêts.

Dans cet état de dispositions, les ressources du ministre reposeraient uniquement sur les trente millions d'inscriptions.

Ici se présentait une question d'une haute importance.

Exposons-en les bases.

Le Gouvernement ne jugerait-il pas utile, dans son propre intérêt, de faire concourir les Chambres au mode et aux conditions de sa disposition?

La vente, ou l'hypothèque comme gage d'emprunt, sont les seules dispositions possibles.

Dans l'un et dans l'autre de ces modes, il y aura nécessairement des sacrifices : tôt ou tard il faudra en rendre compte; et si à ce moment on fait en outre de nouvelles demandes pour de nouveaux emprunts et pour de nouvelles ventes de forêts, les Chambres mettront peut-être d'autant plus de réserve à y satisfaire, qu'elles auraient moins compté sur la nature et sur l'importance des sacrifices du premier emprunt.

Sous ces points de vue, le concours des Chambres semblerait convenable et utile, plus encore dans l'intérêt bien entendu du Gouvernement, que dans celui des acheteurs et des prêteurs primitifs et secondaires. Il ne pourrait qu'ajouter à leur confiance et à leur sécurité; dissiper toute inquiétude d'une critique ou d'une tentative de révision, sinon probable, du moins possible; et augmenter la circulation et la dissémination des coupons de rente, ou des bons d'emprunt.

Ce concours semblerait d'ailleurs d'autant plus régulier, qu'une promesse de remboursement doit reposer sur une ressource matérielle; que sans cet appui, on ne fait que reculer le danger; et que, par la nature de nos institutions, la véritable source des moyens de remboursement du Gouvernement sont ses projets de dispositions transformées en lois de l'état.

Dans tous les cas, il importe que le public sache que le Gouvernement a pesé les avantages et les inconvénients de cette marche, et que sa résolution est le résultat d'un mûr examen. Cette conviction contribuera sans doute à diminuer ses inquiétudes, s'il en a; à concentrer en lui toute espèce de réflexion; à lui faire apprécier le courage du ministre qui n'aura pas craint de se charger de l'une des plus immenses responsabilités; et à lui faire desirer, dans l'intérêt de la patrie, qu'il n'en éprouve jamais de regrets.

Les explications aussi solides que lumineuses et franches, données à ce sujet par les respectables commissaires du Roi, doivent

complètement rassurer les ames les plus timo-
rées.

Il résulte de leur esprit, que nous pouvons
concevoir l'espoir raisonnable que les conditions de la disposition seront aussi conve-
nables, aussi avantageuses, que les circonstances peuvent le permettre; et que le ministre n'aura qu'à se féliciter d'avoir eu le
courage de prendre sur sa responsabilité une
négociation d'une si haute importance, qui
contribuera sans doute essentiellement au
salut de la France.

Les prêteurs secondaires doivent dès-lors
être en pleine sécurité. La disposition autori-
sée par la loi aura la force de la loi. Comme
elle, elle devra être considérée comme sacrée
et immuable dans son essence. Aucune critique, aucune révision ne pourra y apporter
la moindre atteinte, la moindre altération. La
plus scrupuleuse fidélité aux engagements en
formera l'égide.

Examinons maintenant les conséquences et
les résultats de l'application de la totalité
ou d'une portion quelconque des forêts à la
dotation de la caisse d'amortissement.

Je me bornerai ici aux réflexions qui ont un rapport immédiat avec la position dans laquelle les dispositions projetées placeraient cette caisse.

Les opérations d'une caisse d'amortissement doivent être envisagées sous le point de vue du matériel et sous celui des conséquences de leur résultat.

En isolant des autres le premier de ces intérêts, la caisse tendrait à la dépréciation des valeurs qu'elle se proposerait d'éteindre. Mais cet avantage aurait d'autant moins de récidive, que le public, instruit à ses dépens de l'influence inévitable qu'exercent sur les cours ceux qui ont la plus grande masse de fonds, ne s'exposerait pas à courir une seconde fois une chance aussi inégale. La caisse dès ce moment cesserait d'être considérée comme une institution salutaire; elle ne serait plus rangée que dans la classe des spéculateurs peu délicats, dont l'approche est d'autant plus dangereuse que leurs coups ont plus de portée.

Une caisse d'amortissement, qui entend bien ses véritables intérêts, ne peut donc contribuer à la dépréciation des valeurs de son gouvernement.

Voyons jusqu'à quel point elle peut avoir intérêt à les améliorer.

En principe général, le débiteur d'un engagement amortissable, ne cessant d'être passible du capital et des intérêts qu'après l'extinction, ne trouve jusques-là dans l'amortissement aucun avantage pécuniaire ; cet avantage résulte uniquement, au moment de l'extinction, de la différence qui existait entre les interêts des valeurs qu'il avait consacrées à l'amortissement et les intérêts des valeurs qu'il a amorties.

Ainsi un gouvernement dont les recettes ne dépassent pas les dépenses, ne peut avoir intérêt à amortir, qu'autant qu'il consacre à l'amortissement des aliénations de biens ou de valeurs dont le taux des revenus est au-dessous de celui de la dette qu'il se propose d'amortir. Sous ce point de vue, l'amortissement qu'il voudrait effectuer avec les ressources d'un emprunt lui serait d'autant moins profitable, que le taux d'intérêt de l'emprunt ne pourrait pas être au-dessous de celui de la dette à amortir ; et que l'amortissement transformerait sa dette non-exigible en une dette exigible.

Trois éléments peuvent composer la dotation d'une caisse d'amortissement : rentrées d'impositions directes ou indirectes ; biens-fonds produisant des revenus ; acquisitions de valeurs produisant de même des intérêts.

Si les biens que la caisse applique à l'amortissement lui rapportent quatre pour cent, et si la valeur à amortir lui procure huit pour cent, l'amortissement de cette valeur non-exigible sera avantageuse pour la caisse.

La comparaison entre les revenus des forêts et des rentes non-exigibles présente aujourd'hui cette différence. L'application des forêts à l'amortissement des rentes déja inscrites serait donc une mesure aussi sage que profitable, même en supposant les rentes ramenées au pair, si nous n'avions pas une dette exigible, au remboursement de laquelle tous les moyens d'acquittement doivent être appliqués de préférence.

C'est pour subvenir à ce remboursement que nous sommes forcés de vendre de nouvelles inscriptions, ou d'emprunter.

Notre seul moyen de nous libérer de ces

deux genres d'engagements est la vente des forêts.

Heureusement ce moyen, unique pour l'instant, serait dans tous les temps le plus avantageux.

L'amélioration de la balance de notre commerce extérieur pourrait seule lui être préférable.

Son avantage résulte de ce que les forêts ne produisent, à égalité de capitaux, qu'un revenu moitié moindre que celui des rentes, de telle sorte que l'emploi de leur aliénation à l'extinction de la dette inscrite la diminuera instantanément de moitié, sans bourse délier.

Ainsi, soit qu'on vende les nouvelles inscriptions, soit qu'on s'en serve comme gage d'emprunt, il y a une utilité incontestable à consacrer le produit de l'aliénation des forêts à l'amortissement de la rente, ou au remboursement de l'emprunt.

Il convient cependant de faire, relativement à la cumulation d'emploi de cette ressource, une distinction commandée autant par la justice que par les circonstances.

Supposons d'abord emprunt.

S'il y avait une assez grande masse de forêts pour rembourser non-seulement la dette exigible, mais encore la dette non-exigible, il suffirait de les abandonner à la caisse, et, dans un temps suffisant, tout serait éteint.

Mais il s'en faut que la ressource soit aussi considérable ; il semble même que la valeur de toutes les forêts peut à peine suffire au remboursement de la dette exigible. Si donc, en cas d'emprunt, on les appliquait à l'amortissement de l'ensemble des rentes, sans distinction, il en résulterait qu'après avoir épuisé cette ressource, on resterait encore débiteur d'une portion quelconque de la dette exigible, et qu'on n'aurait plus aucun moyen matériel d'acquitter ce reliquat.

Il est donc indispensable, en cas d'emprunt, de réserver les forêts pour son remboursement, et de ne consacrer à l'amortissement de la dette non-exigible que leur excédent, s'il en existe.

Cette application, commandée autant par la justice que par la nécessité, n'occasionnera aux porteurs de la dette actuellement inscrite aucun préjudice reprochable, puisque l'établissement de la caisse est récent ; puisque, dans l'origine, les rentiers possédaient sans espoir de remboursement ; puisque d'ailleurs l'amortissement n'étant pas un véritable remboursement, ne procure d'autre avantage aux rentiers que le soutien du cours. Consciencieusement, ils ne pourraient davantage se plaindre d'une trop grande émission ; d'abord parceque les engagements primitifs n'en ôtaient pas la possibilité ; en second lieu, parcequ'en créant un amortissement matériel et suffisant, on fait, pour l'empêchement de la détérioration, tout ce que les circonstances permettent et tout ce que le devoir exige.

Mais comment, dans le cas d'emprunt, établir une distinction entre la nouvelle et l'ancienne dette.

Il suffirait d'ouvrir un second grand-livre sur lequel seraient portées toutes les nouvelles rentes, amortissables dans un laps de temps déterminé.

La caisse emploierait à l'amortissement des rentes actuellement inscrites, ou à inscrire pour le paiement des dettes arriérées, les vingt millions dont elle est déja dotée, et même une plus forte somme, si les Chambres jugeaient nécessaire, ainsi que le proposent le ministre et la commission, de porter la dotation à quarente millions; et elle emploierait à l'amortissement des trente millions de nouvelles inscriptions les revenus des forêts, le produit de leur vente faite en temps opportun, et toutes autres valeurs que les Chambres croiraient devoir appliquer à ce remboursement.

En cas de vente à forfait des trente millions de rentes, les difficultés se trouveraient de suite levées, parceque la dette exigible serait transformée en une dette non exigible.

Dans ce cas, les forêts pourraient être abandonnées à la caisse pour l'amortissement de l'ensemble de la dette, sans distinction; et les porteurs de la dette présentement inscrite trouveraient, dans une plus forte dotation de la caisse, une compensation suffisante d'une émission plus considérable.

ARMAND SÉGUIN.

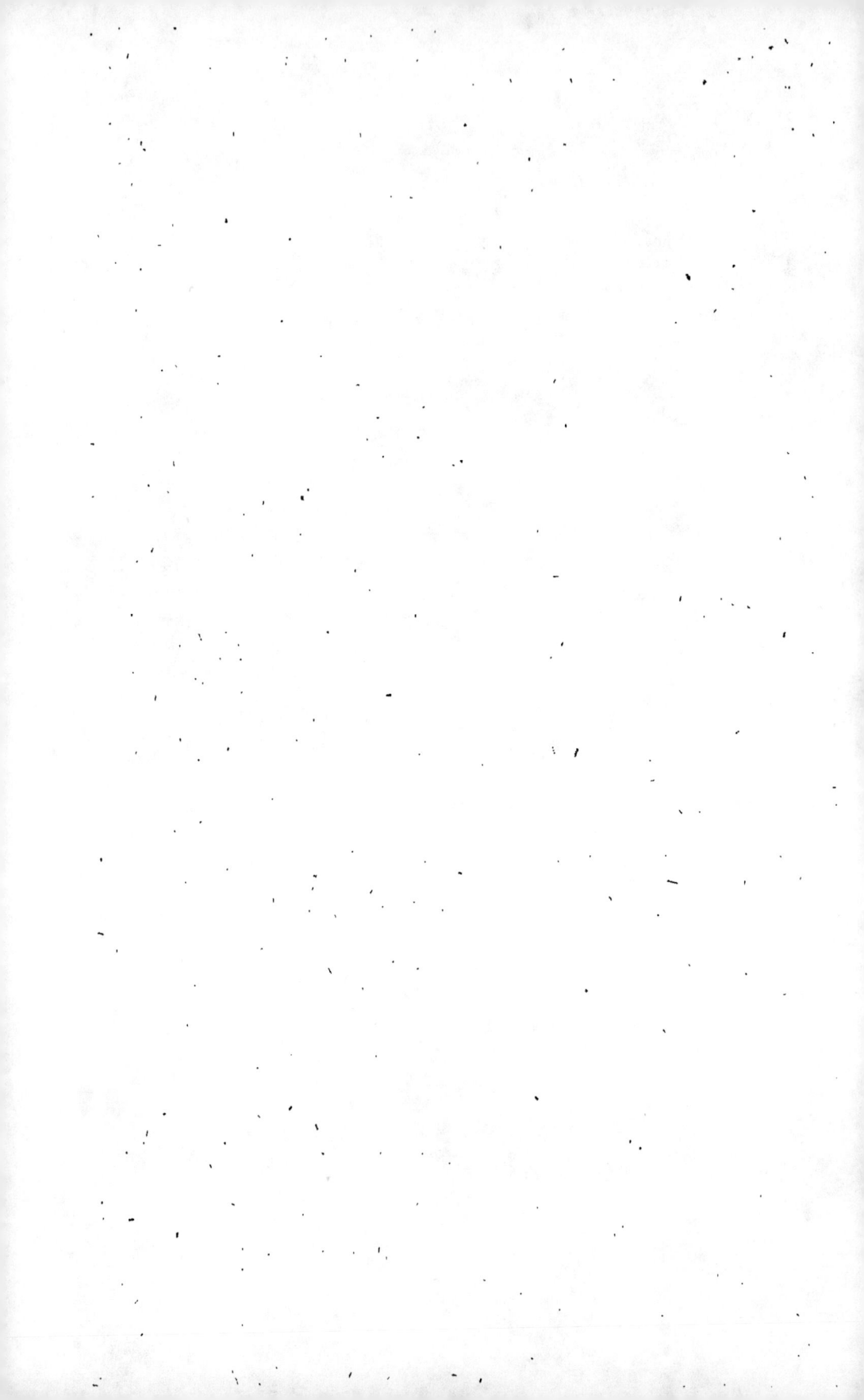

www.ingramcontent.com/pod-product-compliance
Lightning Source LLC
Chambersburg PA
CBHW050429210326
41520CB00019B/5856